HOMMAGE

DE RESPECT ET DE RECONNAISSANCE

DE L'AUTEUR

A MONSIEUR LE GÉNÉRAL DE DIVISION

EUGÈNE CAVAIGNAC,

Fondateur d'Orléansville et de Tenès.

SOUVENIRS DE L'ALGÉRIE

ou

NOTICE SUR ORLÉANSVILLE ET TENÈS,

Par R. PONTIER,

MÉDECIN ORDINAIRE DES ARMÉES, CHEVALIER

DE LA LÉGION-D'HONNEUR.

Et mehi res non me rebus.

VALENCIENNES,

chez J. GIARD, Libraire, Grand'Place.

1850.

ANZIN, IMPRIMERIE DE BOUCHER-MOREAU.

AVANT-PROPOS.

Tout ce qui tend à faire connaître quelques contrées de nos possessions du Nord de l'Afrique, est généralement accueilli du public, et lu avec la plus grande avidité. Pourrait-il en être autrement, lorsque cette contrée, si peu connue autrefois, commence à être explorée jusque dans ses parties les plus reculées et les moins accessibles aux savantes investigations des voyageurs? Depuis que les Français occupent l'Algérie, un grand nombre d'hommes de lettres, de savans et d'artistes, nationaux et étrangers, ont publié d'intéressantes observations. Mais,

hélas ! il faut le reconnaître, combien de richesses sont encore cachées, pour long-temps,
dans cette terre qui fut toujours la patrie du
merveilleux ! Pour s'enrichir encore de précieuses et nouvelles découvertes, les sciences
ont besoin désormais de sécurité. Cette sécurité
ne pourra s'obtenir que par la pacification entière de l'Algérie.

N'est-il pas admirable que, malgré les hési-
tations calculées des hommes chargés des destinées de cette riche contrée et l'incohérence
des différens systèmes qui se sont mutuellement
remplacés, il se soit opéré et il s'opère tous les
jours, quoique d'une manière peu sensible, un
mouvement attractif et providentiel qui tend à
rapprocher entr'eux des peuples si différens
d'origine, de mœurs, d'habitudes et de senti-
mens religieux. L'industrieuse Angleterre,

dans le but tout pacifique, d'ouvrir de nouveaux débouchés à son immense commerce, pousse tous les jours ses savans et ses ingénieurs vers l'isthme de Suèz, y jalonne ses étapes et développe dans toute l'Egypte les germes si précieux de civilisation, qu'y déposèrent, il y a un demi-siècle, les héros des Pyramides, et surtout les savans dont se fesait accompagner l'empereur Napoléon, le plus grand génie des temps anciens et modernes ! Dans la transformation sociale des peuples de l'orient, transformation qu'il est facile de prévoir, la Providence a donné à notre patrie la noble mission d'être la première appelée à exercer la plus grande part d'influence. N'est-ce pas elle qui en a fait disparaître, pour toujours, cette guerre de brigandage qui, depuis tant d'années, déshonorait les gouvernemens de la vieille Europe ? N'est-ce pas elle qui doit en prévenir le retour, par une transplantation, en grand, des races européennes, leur mélange avec les races indigènes et l'établissement de colonies, fortement constituées et appuyées encore, pendant de longues années, d'une armée nombreuse et bien disciplinée.

Le gouvernement turc, pendant de longues années, s'était appesanti sur les peuples de cette contrée par toutes sortes de persécutions et d'infâmes tortures ; il était parvenu à abrutir les Arabes et à étouffer chez eux (¹) leur civilisation jadis si avancée. Pourrait-on jamais

---

(¹) L'âge d'or des lettres et des sciences s'annonça sous le califat d'*el Manfor*. Le fameux *Harum el Raschid*, à Bagdad comme à Cordoue, ordonna que les plus grandes dignités fussent données à la science et au mérite.

croire que c'était à l'aide des moyens employés par les janissaires, que quelques-uns de nos *pachas* prétendaient civiliser l'Algérie ? La dévastation, l'incendie, le pillage et le vol, organisés sur une grande échelle, sous le nom de *razzias*, l'humiliante torture des coups de bâton (¹), l'expulsion dans le désert et même

---

(¹) Au moment de livrer ces lignes à l'impression, je lis dans un journal un long plaidoyer de M. Azema de Montgravier, chef du bureau arabe d'Oran, en faveur des coups de bâton, comme moyen d'administration à conserver. Je serais d'avis que l'article suivant fût ajouté à l'ordonnance qui règle les attributions des bureaux arabes : « L'usage de la bâtonnade est conservé aux chefs des bureaux arabes. Tout chef, qui voudra l'employer, afin de prouver que ce moyen est plein de mansuétude et qu'il n'est pas dégradant pour l'humanité, devra recevoir lui-même cinq cents coups de bâton. » Avec ce correctif, la bâtonnade peut être conservée.

l'extermination entière des races indigènes, tels furent, pendant plusieurs années, les seuls moyens jugés capables de dominer entièrement l'Algérie. Ce système anti-social, s'il a été fructueux pour ses partisans les plus actifs, n'en a pas moins créé, pour l'avenir, de sérieux embarras et prolongé pour bien des années encore les charges si lourdes qui pèsent sur la France. Les haines et les antipathies de races se traduisent tous les jours et se traduiront encore bien long-temps, par des meurtres isolés et par des révoltes partielles ou générales.

Enfin, fatigué de tous les tiraillemens qui se sont produits chez les Européens comme chez les indigènes, et qui doivent avoir été entretenus par des rapports contradictoires et souvent inexacts ou infidèles, le gouvernement français est entré pour toujours, il faut l'espérer, dans les voies d'une sérieuse administration. L'ascendant moral du gouverneur actuel de l'Algérie, M. le général Charron, rendra vain les efforts de ceux qui voudraient le faire dévier du but honorable qu'il se propose d'atteindre. L'Europe entière fixe ses regards sur nous, jalouse cette fois seulement, de s'associer à notre gouvernement, pour qu'il puisse, par ses nobles efforts, assurer l'œuvre si difficile de la colonisation.

L'auteur de cet opuscule, après avoir fait quelques campagnes avec les immortelles phalanges de l'empire, a été attaché, pendant plusieurs années, aux hôpitaux militaires d'Afrique. S'il laisse à d'autres, plus éloquens que lui, le soin de vanter les talens de nos généraux et l'héroïsme de l'armée, qu'il lui soit permis, dans la modeste position qu'il occupe, de payer un juste tribut d'éloges à ce personnel entier des hôpitaux auquel jusqu'ici on a refusé une honorable assimilation aux grades de la grande famille militaire, et qui cependant a donné et donne tous les jours tant de preuves de son zèle et de son dévouement.

SOUVENIRS DE L'ALGÉRIE

ou

NOTICE SUR ORLÉANSVILLE ET TÉNÈS

CHAPITRE Ier.

Fondation d'Orléansville ; — Organisation des services ; — Soirées chez M. Eugène Cavaignac ; — Forêt souterraine ; — Salle de spectacle ; — Pont du Chélif.

Le 23 avril de l'année 1843, deux fortes colonnes expéditionnaires, venant de deux directions opposées, fesaient leur jonction à *Snab ou el Esnam*. L'une dite de Mostaganem, sous les ordres de M. le général Gentil, était composée de troupes appartenant à la division

2

d'Oran. La seconde, commandée par le maréchal Bugeaud, venait d'Alger. Ces deux colonnes étaient suivies chacune d'un convoi considérable de prolonges et de bêtes de somme. L'intention du maréchal était de dominer, pour toujours, la riche vallée du Chélif et de créer, au centre de cette vallée, un établissement important qui put communiquer avec un port voisin, afin de pouvoir ravitailler ses colonnes et être toujours prêt à s'opposer aux entreprises, si hardies et si pleines d'audace, de l'émir Abd-el-Kader, le plus redoutable et le plus constant ennemi de la domination française. En choisissant la position d'*el Esnam*, point intermédiaire et à peu près à égale distance de Millianah et de Mostaganem, nos troupes pouvaient à volonté se porter dans les montagnes difficiles et escarpées de l'*Ouarensénis*, par la vallée du Tygraout et communiquer avec le port de Tenès par la vallée de l'*oued Rhean* (ruisseau des lauriers roses).

Ce fut donc au milieu de vastes ruines romaines, cachées en partie par de grandes herbes et des broussailles formées de ronces, de lentisques et de jujubiers sauvages, que le camp fut établi. Les deux convois y déposèrent les munitions de guerre et de bouche, ainsi que les tentes et les instrumens de travail nécessaires au génie. La colonne du général Gentil revint à Mostaganem, et celle du maréchal se divisa en deux parties. La première servit d'escorte au convoi de Milianah, et la deuxième prit avec le maréchal la route de Tenès. Après avoir reçu à *Boubarra* (les cinq Palmiers) une députation de la ville de Tenès, le maréchal, avec sa colonne dont l'avant-garde était composée du goum de sidi Larribi, gravit la montagne de Plâtre, gagna la vallée de l'*oued Allala* (ruisseau divin) et se trouva bientôt dans les gorges affreuses qu'on rencontre avant d'arriver à Tenès. La colonne suivit la vallée, passa l'oued sur le vieux pont romain, et, après avoir contourné la ville, vint camper sur le plateau des ruines, qui domine le port, à demi-lieue de la ville arabe. Ce fut le premier du mois de mai, jour de la fête du roi, que M. le maréchal prit possession de cette contrée. Le même jour et au moment de l'arrivée du maréchal, deux bateaux à vapeur et quelques bâtimens de commerce, venant d'Alger et de Mostaganem, débarquaient, sur la plage, le personnel et une partie du matériel nécessaire pour l'exécution du plan du gouverneur.

M. Eugène Cavaignac, colonel des zouaves, fut désigné, par le maréchal, pour prendre le commandement supérieur des troupes laissées dans la subdivision d'*el Esnam*, dont Tenès faisait partie. *El Esnam* reçut bientôt officiellement le nom d'Orléansville, en mémoire du jeune prince qui venait d'être ravi à la France et à l'armée, dont souvent il avait partagé les dangers et dont il était l'idole. Il fallait trouver un homme de cœur et de génie pour lui confier le plan dû aux vastes conceptions de M. le maréchal Bugeaud et qui put créer, avec le peu de moyens mis à sa disposition, deux villes importantes ; cet homme fut le colonel Cavaignac. M. de Noué, commandant du 3me léger, fut chargé de présider aux travaux de Tenès, qui devaient marcher conjointement avec ceux d'Orléansville.

La garnison de la subdivision fut composée d'un bataillon de zouaves avec l'état-major, du 6e régiment d'infanterie légère, d'un bataillon du 3e léger et du cinquième bataillon de chasseurs à pied, commandé par M. Camrobert. Trois compagnies de discipline et une de condamnés furent chargées d'exécuter une partie des travaux. De forts détachemens du génie avec un personnel d'officiers furent placés sous les ordres du commandant Tripier, et une batterie d'artillerie sous ceux du capitaine Auger. MM. Humbert, à Orléansville, et Magene, à Tenès, sous-intendans militaires, eurent la direction des services administratifs et des hôpitaux. Un des points les plus délicats et qui demandait le plus de tact, c'était le choix d'un officier du bureau arabe, et le colonel Cavaignac fut heureusement inspiré

en nommant à ce poste si important et si difficile M. le capitaine Richard, de l'arme du génie.
Ses grandes connaissances et ses études conti-
nuelles de la langue arabe, ses manières polies
autant que distinguées, parvinrent bientôt à
lui captiver l'affection des indigènes. Des relat-
tions amicales furent établies avec eux, et, dès
ce moment, ils commencèrent à se montrer
confians et à venir en grand nombre alimenter
les marchés d'Orléansville et de Tenès.

Le colonel Cavaignac, dont l'activité cherchait à pourvoir à tous les besoins, s'empressa de
choisir quelques officiers que leur inclination et
leurs goûts portaient de préférence vers quelques objets d'utilité générale. M. Perragay,
commandant du bataillon des zouaves, et qui,
bientôt après, devait terminer, par une mort
glorieuse, une longue carrière de gloire com-
mencée dans les rangs de la vieille garde impé-
riale, fut chargé de la surveillance des plan-
tations. Le jeune capitaine d'état-major, Ber-
thaud, fit la topographie des environs. Un of-

ficier fut chargé de la création des jardins et de
présider à leur distribution ; un autre eut la
surveillance des fouilles, la conservation des
médailles et autres objets antiques. Tous les
jours, il était rendu compte au commandant
supérieur des détails de chaque service. Une
commission supérieure d'administration fut im-
médiatement créée ; elle était composée de M. le
commandant de place, des chefs du génie et de
l'artillerie, du chef du bureau arabe, du sous-
intendant et du médecin en chef de l'hôpital militaire ; un employé des finances, M. Dutarte,
en fut secrétaire. Cette commission, toujours
présidée par M. Cavaignac, se réunissait, chez
lui une fois par semaine. Elle avait dans ses
attributions tout ce qui concernait la création
des rues, des places, des monumens et de tout
ce qui intéressait la nouvelle ville. L'établissement des débits de boissons, leur surveillance et les concessions de terrain étaient de
son ressort : mais son travail le plus difficile
était la répartition, par tribus, des sommes que

devaient payer les Arabes. Une commission formée des mêmes élémens et ayant les mêmes attributions fut créée à Tenès, et le commandant
de cette localité dut suivre les instructions qui
lui étaient données par le colonel Cavaignac.
Plus tard, le commandant de Tenès reçut les
ordres directement du général commandant la
division d'Alger.

Tous les jeudis, le commandant supérieur
recevait les officiers de la garnison, et dans
ces réceptions, tout le monde devait être en
tenue. Elles avaient lieu dans une barraque
en planches qui lui servait aussi de salle à man-
ger ; quelques siéges plus que modestes et trois
ou quatre tables, fabriqués à la hâte par le génie,
formaient tout l'ameublement de cette pièce.
On y voyait aussi quelques instrumens de
physique (baromètres, thermomètres), et
sur la planche de la cheminée quelques frag-
mens de statues trouvées dans les fouilles.
On y remarquait aussi le masque en plâtre du
fameux auxiliaire d'Ab-el-Kader, le terrible

Sidi Embarek. A ces soirées, on le voit facilement, brillaient par leur absence, les divans, les
glaces, les riches tapis, les pianos et autres meu-
bles somptueux que l'on vit, plut tard, dans les
mêmes lieux; mais en revanche, il s'y trouvait
une pépinière d'hommes marquans et de
braves officiers dont les noms de plusieurs ont
grandi depuis, tels que les Leflo, les Reynaud,
les Camrobert, les Claparède, les Anselme, les
Tripier, les Auger, les Fabar, les Janin, les Ber-
thaud; au milieu de cette troupe d'élite se fesait
remarquer, par sa taille, son air martial et sa tenue
toujours sévère, le brave commandant Perragay;
le colonel Cavaignac le nommait le *Père-aux-
Aguets*, parce que c'était toujours lui qui donnait
l'éveil aux zouaves à l'approche des ennemis.
A ces soirées, on remarquait aussi Godefroy
Cavaignac; il était venu voir son frère et lui
serrer la main pour la dernière fois, car déjà il
était affecté de la maladie lente et cruelle qui
devait bientôt priver sa mère d'un fils bien-aimé
et la France d'un grand citoyen.

En général, la création d'un établissement permanent présente bien des obstacles de tous genres qu'il faut avoir la volonté et quelque fois le génie de surmonter. Une difficulté qui n'avait pas dû échapper au maréchal Bugeaud, dont le coup-d'œil était si sûr et si rapide, c'était le manque absolu de bois, objet de première nécessité pour la fabrication du pain et la cuisson des alimens. La vue, aussi loin qu'elle peut se porter, ne découvrait dans la vaste plaine arrosée par le Chélif aucun feuillage, aucun arbre. Le colonel Cavaignac fut assez heureux pour découvrir ce qu'il nommait sa bonne fortune, sa *forêt souterraine*. En effet, par un hasard extrêmement heureux, un nombre infini de vieilles souches de jujubiers sauvages, dont les tiges furent autrefois détruites par l'incendie ou dévorées par des troupeaux, avaient conservé une sève active et long-temps comprimée. Cette sève s'était portée sur les racines cachées dans la terre. Grosses, ligneuses, elles s'entrecroisaient en mille sens en cherchant à la surface du sol la terre végétale. Dès ce moment, des hommes de corvée furent commandés tous les jours, et le commandant supérieur, qui commençait à désespérer de la réussite de la nouvelle installation, ne fut plus inquiet pour elle. Un peu plus tard, grâce aux bonnes relations entretenues avec les Arabes qui entourent Orléansville, on put se procurer du bois dans les forêts qui bordent le Chélif, sur le territoire des *Beni-Raehed*, et aujourd'hui la vaste forêt du *Tam-Rara*, qui possède des chênes et des cèdres d'une grosseur prodigieuse, est exploitée par le génie et elle lui fournit les bois nécessaires aux nouvelles constructions.

Nos premières journées, passées à Orléansville, furent consacrées à mettre à couvert les munitions de guerre et à placer sous des tentes, faites de tissus arabes, les vivres et les malades. Un fossé de trois mètres de profondeur et d'autant de large fut creusé au sud et à l'est du camp. Le commandant du génie, M. Tripier, dont l'activité répondait à celle du colonel

Cavaignac, s'empressa de faire fortifier la presqu'île du Tygraout où fut établi le parc aux bœufs et les magasins de l'administration. Sur le point culminant du plateau, furent posés les fondemens d'un vaste hôpital militaire muni de tous ses accessoires. M. Beau, capitaine du génie, fut chargé de la direction de cet édifice, l'un des mieux établis de l'Algérie sous le triple rapport de la solidité, de la distribution et de l'hygiène. Tous les différens travaux furent poussés avec une activité dont il serait difficile de se rendre compte, si l'on ne savait combien l'impulsion venant d'un chef capable et adoré, peut donner d'émulation à tous ceux qui subissent volontairement, ou même sans s'en apercevoir, l'ascendant de sa volonté.

Lorsque les choses les plus urgentes furent terminées, ou sur le point de l'être, l'attention du commandant supérieur se porta d'une manière spéciale sur les malades. Persuadé, d'après l'avis des officiers de santé, toujours accueillis par lui avec bienveillance, quela tristesse et l'éloignement de la patrie pouvaient devenir la cause d'un grand nombre de maladies et augmenter leur gravité, s'empressa de faire construire en planches, par le Génie, une salle de spectacle assez grande pour contenir une partie de la garnison. M. le capitaine Adam, des zouaves, fut chargé de l'installation de la salle et de la direction du théâtre. Un jeune artiste, M. Cock, officier de la légion étrangère, voulut bien se charger de la peinture et des décors. Deux fois par semaine, un certain nombre de soldats étaient désignés, à tour de rôle, pour y assister; tous les officiers, ainsi que les principaux habitans, avaient formé des abonnemens mensuels et les loges étaient toutes occupées. Celle du commandant supérieur était grande et spacieuse, elle occupait le centre de l'hémicycle et il y recevait les officiers supérieurs. Il fallait voir comme le front soucieux de tous ces guerriers se déridait lorsque, dans la *Rue de la Lune*, Moreau, sergent au 6me léger, disait avec beaucoup de naïveté qu'Ad-el-Kader était un bon enfant.

mais qu'il fallait savoir le prendre ; ou quand le robuste Brouzic, caporal de zouaves, jouait le rôle de la *Meunière de Marly*. Plus tard, quand à cette simplicité primitive succéda le luxe, plusieurs jolies actrices vinrent remplacer sur le théâtre ces personnages grotesquement improvisés, et l'on put admirer le talent et le jeu plein de finesse et d'expression de Melle Adelina Gardon, surnommée la Déjazet de l'Afrique.

Pendant l'époque des débordemens du Chélif toutes les communications avec le port de Tenès se trouvaient interrompues, et tous les objets nécessaires pour la ville naissante s'y trouvaient retenus. Il devint donc indispensable de jeter un pont sur le fleuve. Le capitaine Renou, de l'arme du Génie, fut chargé par le commandant Tripier de diriger tous les travaux de cette si difficile entreprise. Cet officier parvint, dans l'espace de quelques mois, à joindre les deux rives du fleuve au moyen d'un pont en bois, dit à l'*américaine*. Ce pont a cent vingt mètres et est appuyé aux deux extrémités sur deux culées faites partie

en madriers et partie en maçonnerie. Les trois
arches dont il se compose reposent sur des pi-
lotis solidement fixés. Cet ouvrage a frappé
d'étonnement les Arabes, quand ils ont vu qu'il
était assez solide pour avoir résisté, jusqu'ici,
aux crues si subites et si rapides du Chélif.

Sachant bien qu'un des meilleurs moyens
d'agir sur les hommes en général et particulièrement les Arabes, était de les frapper par la
vue d'un spectacle aussi grand que nouveau pour
eux, le commandant supérieur voulut inaugurer
le passage du pont par une fête militaire à laquelle il fit inviter les différentes tribus de la
subdivision. Plus de quinze mille Arabes, hommes, femmes ou enfans, répondirent à l'appel
qui leur avait été fait par le capitaine Richard,
chef du bureau arabe. Jamais peut-être la plaine
d'Orléansville n'avait réuni une aussi grande
foule. Les Arabes, tous couverts de burnoux
blancs, formaient une immense ligne qui se dé-
veloppait aux pieds des monts *Medjajahs*. Là,
se trouvaient les *Ouled Cocérys*, *Garrabas* et

Cherroyas, conduits par les kaïds *Gilaly* et *Ben-Batache*. Après eux, on remarquait le brave *Adji-Bou-Zid* avec ses fidèles *Ouled-Fares;* puis, venaient les *Heumis*, conduits par *Ben-Fogrol*. Ce farouche cahid, quelques mois après, fut passé par les armes pour avoir assassiné un sergent-major du 5me bataillon de chasseurs. On voyait encore les *Sbéahs*. Plus tard, ils s'étaient retirés dans leurs grottes sauvages pour fuir les troupes de la colonne d'Orléansville, qui venaient venger la mort du brave capitaine de Jouvancourt, tué un an auparavant; leurs cavernes ne purent pas les garantir, et tous y trouvèrent la mort. Cette longue procession de tribus, où se trouvaient les *Singets*, les *Beni-Ouessan*, les *Chouachouahc*, les *Beni-Boucranous*, les *Ouled-Ben-Soleyman*, les *Beni-Yundel*, les *Ghérious*, les *Gralhias*, les *Statas*, les *Ouled-Sidy-Lahlias*, était sous les ordres de l'*aga Adji-Hameth* (el mousson), le parvenu. La ligne se terminait par la tribu des *Medjajahs* avec laquelle se trouvait l'intrépide *Bou-*

Chœur (le père à *La Hache*). Cette malheureuse tribu n'existe presque plus aujourd'hui; elle fut châtiée d'une manière terrible pour n'avoir pas repoussé *Bou-Maza* et lui avoir donné la *diffa*.

Bientôt les grandes manœuvres de l'infanterie et de la cavalerie commencèrent en face la ligne arabe, au bruit des décharges de l'artillerie et de la mousqueterie, et avant le défilé, le commandant supérieur, acompagné d'un état-major brillant et nombreux, parcourut la ligne des indigènes ; en passant devant chaque tribu, les femmes poussaient, en forme de vivats, des hurlemens sauvages, qui couvraient les sons des fanfares et de la musique militaire. Bientôt commencèrent les *fantasias* des gums et de nos spahis, qui terminèrent la fête par une course brillante, à laquelle prirent part cinquante cavaliers choisis dans chaque tribu. Le jeune fils de l'*aga* des Singets fut le vainqueur, et il vint recevoir, des mains du colonel Cavaignac, une couronne de laurier accompagnée d'une bourse contenant deux cents francs.

CHAPITRE II.

Cité romaine ; — Mosaïque de Réparatus ; — M. Dupuch, évêque d'Alger ; — Exhumation des restes de Réparatus ; — Fouilles ; — Médailles romaines et autres objets antiques.

Long-temps avant que les Français, sous les ordres du colonel Cavaignac, fussent venus s'établir à El-Esman, il existait, comme il existe encore, une grande divergence d'opinions non seulement sur l'étendue, mais même sur le nom que portait la Cité romaine. Grâce au hasard, qui a fait découvrir une inscription d'autant plus précieuse, qu'elle fait connaître d'une manière certaine le nom de Cartenne, l'incertitude a cessé de régner pour Tenès.

En compulsant attentivement ce que les anciens ont écrit sur les différentes villes du nord de l'Afrique, en comparant l'itinéraire d'Antonin avec ce que dit Mannert (Géographie des états barbaresques, traduction de Marcus et Duesberg, Paris 1842), on s'aperçoit bien vite qu'il doit exister, comme il existe nécessairement à cet égard, la plus grande incertitude. L'ouvrage lui-même, si brillant par la science et l'érudition, dû à la plume facile des membres de la commission scientifique de l'Algérie, est bien loin de dissiper tous les doutes, quoi qu'il donne comme une certitude ce qui paraît encore très problématique. En effet, d'après cet ouvrage et quelques écrivains qui ont adopté cet avis, Orléansville occuperait la place d'une ville connue sous le nom de *Castellum Tyngitanum* ou *Tyngitii*. Le savant géographe allemand, cité plus haut, dit d'une manière non douteuse qu'au lieu où se trouve El Esnam, était autrefois le

municipe des Tygaudes (*municipium Tygaudum*).
Ibn-Hancal, auteur arabe très estimé (Descrip-
tion de l'Afrique, traduite par le baron de Gla-
nes, Paris 1842), place le *Castellum Tyngitanum* à dix lieues à l'ouest d'*El-Esnam*, près du
confluent de la Mina et du Chélif. D'après cet
auteur, le Castellum Tyngitanum aurait occupé
le point élévé où se trouve, au milieu des ruines,
la demeure de Sidy Larriby, l'un de nos chefs
arabes les plus riches, les plus nobles et les plus
influens. S'il en est ainsi, il devient peu probable d'admettre, avec les membres de la commission scientifique, qu'Orléansville est située sur
les ruines du Castellum Tyngitanum.

Les bords du fleuve, sur l'une et l'autre rive,
sont couverts de ruines plus ou moins considérables et plus ou moins bien conservées. Il devient presqu'impossible, au milieu des révolu-
tions physiques ou politiques qui ont bouleversé
de fond en comble ce sol, de débrouiller ce chaos
et de pouvoir retrouver la place de tous les lieux
désignés sur l'itinéraire d'Antonin. On peut

donc aujourd'hui rester dans le doute sur le nom de la Cité romaine, remplacée par la ville française. Tout ce qu'il est possible de savoir, c'est que la route romaine, dont les étapes sont indiquées sur l'itinéraire, venait de la Mauntanie Tyngitane, séparée, par le Moulouya, de la Maritane Corsarienne. Elle remontait la rive gauche du Chélif et elle conduisait à *Mélianum*, Milianah, en passant par *Castellum Tyngitanum*, *Tygaudum Municipium*, *Oppidoneum*, *Oppidum Novum* et *Tygava Castra*. C'est encore tout près des ruines de *Tygava Castra* que se trouve un ancien pont de construction romaine (El Cautara) sur lequel la route passait de la rive gauche sur la rive droite du fleuve pour conduire à *Mélianum*.

Au reste, l'histoire ne mentionne le municipe des Tygaudes que pour apprendre qu'Auguste lui avait conféré le titre de municipe, titre bien recherché alors et qui n'était accordé qu'aux villes importantes ou qui l'avaient mérité par quelque grand service rendu à l'empire. Les habitans d'une ville *municipale* avaient tous le droit de citoyen romain. Tous ceux qui dans un municipe étaient élus par le peuple à une place de magistrature ou à une charge publique, quelque fut leur origine, devenaient *chevaliers* et entraient dans l'ordre de la noblesse, sous le nom d'Hommes Nouveaux *(novi homines)*. A l'imitation de la capitale de l'empire, le municipe avait ses édiles, ses censeurs, ses questeurs, ses flamines, ses augures, ainsi que son trésosier *(tribunus œrarius)*. On trouve dans les *Commentaires de Pauvinius* que Tygauda était un des sept municipes de la province d'Afrique. (*in provincid Numidia funt septem municipia quœ vocantur* BIDIL, JONIUM, TYGAUDA, COSIUM, RUSAXIS, COBA *et* SAVA. *Onuphii pauvinii vero- neusis reipublicœ romanœ commentaria. Venetis* MDLVIII. *Ex officind crasmiand.*)

Quelqu'ait été le nom de l'antique ville romaine dont nous nous occupons, il est probable qu'elle était entièrement ouverte, puisqu'il n'a été trouvé aucune trace de portes et de fortications comme on aurait dû en trouver si elle eut eu un Castellum. Entourée, de tous côtés, par les nombreuses villes placées comme elle sur les bords du Chléif, elle se trouvait protégée par des postes militaires, dont on trouve les traces dans toutes les directions; les habitans pouvaient alors se livrer au commerce, aux arts et à l'agriculture, sans craindre d'être surpris par des populations soumises ou éloignées d'eux.

Lorsque, dans les premiers siècles de l'ère chrétienne, les Barbares vinrent fondre de toutes parts sur l'empire romain, les Vandales se firent remarquer par les horreurs et les crimes dont ils se rendaient coupables envers les malheureuses populations qu'ils rencontraient sur leur passage. Ce fut sans doute à cette époque que les établissemens romains, dans cette partie de l'Afrique, furent pillés, brûlés et détruits de fond en comble. Il est probable que, depuis ces grands désastres, aucune population ne s'y est établie d'une manière permanente, et que les

Arabes nomades seuls y sont venus planter leurs tentes. Dans toutes les fouilles qui y ont été faites, il n'a été retrouvé que des médailles romaines.

D'après l'inspection des ruines qui existaient encore à notre arrivée, il paraît certain que la vieille cité s'étendait depuis l'embouchure du Tygraout et qu'elle se dirigeait vers l'est jusqu'au lieu où se tient le marché arabe du dimanche (*souk el had*). Hors de l'enceinte de la ville actuelle, et dans les environs de ce lieu, il existait plusieurs tombeaux souterrains, voûtés et construits en bonne maçonnerie. Tous avaient été fouillés. A droite et à gauche de la route de Milianah, en se rapprochant du Chélif, il existait des débris considérables d'anciennes constructions, et on voit encore sur les bords du fleuve d'anciennes murailles qui annoncent que la ville romaine s'étendait dans cette direction.

Le Génie militaire, par les ordres du commandant supérieur, employait pendant l'hiver plusieurs centaines d'Arabes à faire des fouilles et à déblayer le terrain sur lequel devaient être placées les nouvelles constructions. Il a été trouvé un grand nombre de médailles dont quelques unes sont parfaitement conservées, ainsi que quelques inscriptions qui ont été copiées par moi avec toute l'attention que mérite un pareil travail ; elles seront rapportées à la fin de cette notice, ainsi que le plan d'Orléansville. Je dois la réduction de ce plan à l'obligeance de M. Raoul Gaudet, officier du 34ᵉ régiment de ligne.

De toutes les inscriptions trouvées, la plus intéressante est celle qui fit découvrir le tombeau de l'évêque Reparatus, mort l'an 427 de la réunion à l'empire de la province d'Afrique ; elle faisait partie d'une mosaïque en marbre du meilleur goût. En apprenant cette découverte, M. Dupuch, évêque d'Alger, vint, avec plusieurs membres de son clergé, reconnaître le lieu où reposaient depuis tant de siècles les restes du saint évêque. Il voulait le bénir, le consacrer à la religion et renouer ainsi la chaîne des temps, mais malheureusement, le plan de la nouvelle ville et les nécessités de sa défense ne permirent point au commandant du génie de déférer aux vœux si légitimes de ce vénérable prélat.

Dans un second voyage qu'il fit, après avoir appris la décision prise par le génie, M. Dupuch voulut sauver de l'oubli et peut-être de la profanation les restes de Reparatus. A cet effet, l'exhumation en fut faite, en présence de tout l'état-major et d'un grand nombre d'Européens et d'indigènes, attirés par la nouveauté d'un pareil spectacle. Tous les ossemens trouvés dans le sarcophage, après avoir été reconnus par des hommes de l'art, furent renfermés dans une caisse et portés à Alger. Pour justifier l'abandon des ruines de ce monument religieux, on a cru devoir annoncer que Reparatus avait été un évêque schimatique ; cette assertion ne peut être justifiée par aucune preuve historique.

CHAPITRE III.

Position géographique d'Orléansville ; — Mort tra-
gique de M. de L. ; — Géologie ; — Le Chélif ;
— Légende arabe ; — Aqueduc romain ; —
L'Oasis.

Orléansville est située sur la rive gauche du
Chélif, à l'est et tout près de l'embouchure du
Tygraout, sous les 30 minutes de longitude ouest
et les 35 degrés 30 minutes de latitude nord.
L'emplacement qu'elle occupe est un plateau
306,600 mètres carrés de superficie. Tout cet
espace est protégé, au nord, par le Chélif et ses
profondes berges ; à l'ouest, par celles non moins

profondes du Tygraout. Elle est défendue au sud et à l'est par une muraille crénelée de six mètres d'élévation, garnie d'un fossé large et profond, revêtu lui-même de maçonnerie. Le génie militaire vient d'ajouter au front de la muraille d'enceinte trois tours solidement bâties, et pouvant recevoir dans leurs embrasures plusieurs pièces de canon.

Le plateau dont il vient d'être parlé, vu de la Montagne-Rouge (Gebel Amra), située en face d'Orléansville, sur la rive droite du fleuve, ressemble à une presqu'île, légèrement inclinée au nord et à l'ouest. De ce point, l'on découvre aussi la vaste plaine du Chélif et l'horison se trouve borné, au sud, par les Mont-Singets et par l'Ouarenfenis (Œil-du-Monde).

Pendant l'hiver, rien n'est triste comme cette vaste plaine, d'une teinte sombre et grisâtre. Aussi loin que la vue puisse s'étendre, on ne découvre ni maisons, ni arbres, ni verdure. Mais dans le printemps, le paysage s'anime, les prairies s'émaillent de fleurs et la terre se couvre de verdure. Les Arabes, dont les tentes occupent les hauteurs bordant le fleuve, y conduisent à toutes les heures de la journée leurs nombreux troupeaux, pour qu'ils puissent s'y désaltérer. Ils passent continuellement d'une rive sur l'autre. Leurs cris, le mugissement des troupeaux et le hurlement des chiens, forment un contraste frappant avec le silence et la solitude de toute cette contrée, parcourue dans une autre saison.

Aux environs d'Orléansville, les deux berges (¹) du fleuve sont très élevées. A chaque grande crue des eaux, les terres végétales dont elles sont formées, après avoir été divisées et fendues par les fortes chaleurs s'éboulent avec fracas. Lorsque le Chélif n'est pas emprisonné, alors il s'étend et il inonde la plaine, laissant, en rentrant dans son lit, des plages couvertes de

---

(¹) Un grand nombre d'ibis noirs viennent nicher dans les parties de ces berges les plus inaccessibles. L'Arabe respecte l'ibis ainsi que la cygogne. Ces oiseaux sont presque sacrés pour lui.

gravier et de cailloux, où croissent cependant
en assez grande quantité les tamarins et les cyprès odorans.

Le terrain vaseux sur lequel coule le Chélif
rend ses abords très dangereux dans les parties
où son cours se trouve ralenti. C'est dans un de
ces lieux qu'un jeune officier du 53° régiment
d'infanterie fut assez imprudent pour chercher
à saisir une fleur échappée de la main de
Melle Adelina, actrice du théâtre d'Orléansville.
Ses pieds glissèrent sur l'argile et il disparut
dans le gouffre. Plusieurs soldats et quelques
Arabes, attirés par les cris de cette dame, se
précipitèrent dans le fleuve pour lui porter se-
cours ; mais, hélas ! il était trop tard, et quand
on l'eut retrouvé et retiré de l'eau, M. de L...
n'était plus qu'un cadavre. Depuis ce fa-
tal évènement, on dit qu'on voit cette jeune actrice venir, presque tous les jours, promener
ses tristes et solitaires rêveries sur le rivage té-
moin de l'évènement affreux qui l'a privée de
son ami.

Si l'on examine attentivement les dispositions géologiques de cette partie de la grande vallée du Chélif, on s'aperçoit bien vite qu'elle est la même à plusieurs lieues à l'est et à l'ouest. Les terres d'alluvion forment la couche supérieure, dont l'épaisseur varie de six à douze mètres. Au-dessous de cette couche, il s'en trouve une deuxième composée de marne rougeâtre, calcaire et ferrugineuse. Elle est, elle-même, entre-coupée, sur plusieurs points de son étendue, par des bancs de grès poreux et coquilliers. La vallée entière présente, au nord et au sud, deux chaînes de montagnes situées parallellement en face l'une de l'autre. Toutes les montagnes de ces deux chaînes, dont les plus élevées peuvent avoir trois cents mètres au-dessus du niveau du fleuve, s'abaissent insensiblement et finissent par se confondre entièrement avec les terres de la vallée.

Le Tygraout, torrent qui s'échappe des montagnes des Singets, est, pendant les fortes chaleurs de l'été, presque partout à sec. Gonflé par les eaux pluviales, il roule continuellement des racines, des troncs d'arbres et même des blocs de rochers qui se détachent des montagnes. Lorsqu'on remonte son cours pendant deux ou trois lieues, on rencontre sur ses bords des dépôts considérables de grès ainsi que des masses de chistes argileux. Bien des fois, en compagnie de MM de Courfon et Kergouet, officiers du brave 5me bataillon de chasseurs, et de MM. Mestre et Monsel, mes camarades à l'hôpital militaire, n'avons-nous pas voulu pousser plus au loin nos excursions. Mais, à cette époque, il aurait été de la plus grande imprudence de s'aventurer au milieu de ces populations sauvages, fanatisées par les prédilections des émissaires d'Abd-el-Kader et de Mohammeth-Ben-ab-Dallah (Bou-Maza) !

Le Chélif (Cynaps, ou Chilies des Latins), est de beaucoup le plus grand fleuve de nos possessions du nord de l'Afrique. Il prend sa principale source dans les hauts plateaux du Gebel-Amour, à l'endroit dit des 70 Fontaines. Les sources qui viennent de cette direction forment l'Oued-el-Kayer. D'autres sources très nombreuses, venant d'une autre direction forment à leur tour le Narh-Ouassel. Tous ces affluens réunis forment le Chélif, seul fleuve de l'Algérie, qui traverse à la fois la zone plane de l'intérieur et les bourrelets montueux du littoral. Arrivé au pied de l'Ouarensenis, et après l'avoir presqu'entièrement contourné, il forme un grand coude qui lui permet de changer sa direction du sud au nord, pour prendre celle de l'est à l'ouest.

Il existe sur l'origine de ce fleuve une très vieille légende arabe, racontée encore avec une gravité toute orientale par les *talebs* et les *marabouts* des environs. La famille de Sidi-Larribi est une des plus nobles et des plus anciennes du Mogreb. Un des ancêtres de Sidi-Larribi avait une fille du nom de Beyah. Elle était allée puiser de l'eau à une fontaine et ne revint plus. On se mit à sa recherche, et quel ne fut pas l'étonnement de toute la tribu, quand elle fut trouvée gisant près de la fontaine. Sa poitrine était traversée par un coup de poignard et son sang avait rougi l'eau de la source. Dans sa juste douleur, son père jura que lui et les siens ne viendraient plus puiser de l'eau à cette source, la seule cependant qui se trouvait dans la contrée.

Déterminé à mourir plutôt que de violer son serment, le malheureux Larribi se mit à parcourir le pays, afin de chercher un lieu muni de sources où il put établir ses tentes. Arrivé à *Sbayun-Ayun* (les 70 sources), et épuisé par la douleur et par la fatigue, Larribi se prosterna avec humilité et il adressa au prophète, l'un de ses ancêtres, une prière fervente. A peine était-elle terminée, qu'il fut ébloui par un éclair suivi d'un violent coup de tonnerre. Il entendit alors très distinctement une voix qui lui apprit que le prophète, touché de sa foi et de sa douleur, lui ordonnait de revenir dans sa famille, et qu'il aurait de l'eau en abondance. Bientôt son coursier se met à marcher avec la plus grande rapidité, et les sources réunies suivaient ses traces. La pluie tombait à torrens au milieu des éclairs et du tonnerre. Toutes les eaux réunies suivaient Lar-ribi et venaient former le fleuve qui, depuis cette époque, baigne les tentes de cette puis-sante tribu. On se perdit en conjectures sur la mort de Beyah, car le jour même de l'arrivée de Sidi-Larribi, on trouva, sur les bords du fleuve, un cadavre tout défiguré ; il avait reçu une blessure semblable à celle de Beyah et il portait au doigt un anneau qu'on reconnut pour appartenir à la jeune fille.

L'eau du Chélif est presque continuellement bourbeuse ; outre l'argile qu'elle tient en sus-pension, elle contient, par kilogramme, deux décagrammes de sels de magnésie et de chaux. Lorsqu'elle a déposé les matières hétérogènes qu'elle contient, elle est alors potable et propre à tous les usages de la vie. Il suffit de la faire séjourner pendant plusieurs heures dans un grand vase pour la rendre claire et limpide.

Aussi a-t-on trouvé dans les fouilles un grand nombre de jarres (¹) en terre cuite, destinées, sans aucun doute, a en opérer le dépôt.

Cependant, malgré toutes les précautions qu'on pouvait prendre, il arrivait souvent que l'eau du fleuve ne pouvait pas servir aux habitans de l'antique cité romaine ; c'est ce qui les avait déterminés à faire arriver, à grands frais, les eaux qui alimentent aujourd'hui la fontaine du marché des Singets (Souk-el-Arba). On admire encore aujourd'hui, après tant de siècles, les restes de l'aqueduc qui servait à les conduire dans le grand bassin trouvé dans la cour du sud de l'hôpital militaire.

En suivant la route de Miliana et sur la droite de cette route, il existait, à deux kilomètres un marais infect, couvert de joncs et envi-

---

(¹) L'une de ces jarres, d'une grandeur prodigieuse, avait été placée au centre du petit jardin du colonel Cavaignac, et elle portait l'inscription suivante : vcclviii l. (758 livres) ; elle a été enlevée par l'ordre de son successeur.

ronné de cactus nombreux et de caroubiers séculaires. Ce lieu, connu et nommé par nous l'*Oasis*, était autrefois privilégié et dépendait d'une zaouïa, dont on voit encore les ruines. Les émanations insalubres de ce marais étaient portées à Orléansville par les vents d'est. M. le lieutenant-colonel du 53me, Buisson, fut chargé de diriger les travaux de desséchement. En déblayant le terrain, on a découvert deux bassins parfaitement conservés, ainsi que plusieurs sources abondantes et de très bonne qualité. Tout l'espace occupé par l'ancien marais peut avoir cinquante hectares de superficie, et, grâce aux soins et au goût de M. le colonel Buisson, il est transformé aujourd'hui en un jardin délicieux, garni de vignes, d'orangers, de grenadiers et de toutes sortes d'arbres, d'arbustes et de plantes. De ce jardin, qui forme la pépinière publique, on va joindre la route de Milianah à Orléansville, en suivant une avenue garnie de peupliers, de mûriers, de sycomores et de vernis du Japon.

CHAPITRE IV.

Courans athmosphériques; — Siracco ou vent du désert; — Sauterelles; — Maladies.

Le vent qui règne dans la vallée du Chélif est quelquefois d'une violence extrême. Il vient presque toujours de deux directions opposées, et cela, sans doute, par suite des deux chênes de montagnes qui sont au nord et au sud d'Orléansville. Les raffales règnent pendant les mois d'octobre et novembre, et elles diminuent en décembre et en janvier, parce que, à cette époque, le soleil commence à se rapprocher de nouveau de l'équateur; pour presque toute l'Algérie, c'est la plus belle saison de l'année. Ordinairement, depuis octobre jusqu'au mois de mars, le vent vient du nord-ouest puis il passe du nord-ouest au nord-est. Sur tout le littoral méditerranéen, pendant six mois, à partir d'avril, il s'élève une brise assez fraîche qui soulève légèrement la mer et fait baisser la température. Cette brise se lève tous les jours vers les deux heures du soir pous continuer jusqu'à minuit, où elle cesse entièrement. Mais à Orléansville, il n'en est pas ainsi, et le courant athmosphérique n'a lieu qu'entre les vallées et les points élevés des montagnes ; aussi la chaleur y est-elle insupportable. Il n'est pas rare, pendant les mois de juillet et d'août, d'y voir le thermomètre centigrade y marquer à l'ombre de 40 à 45 degrés, ainsi qu'il résulte des observations consignées dans les rapports de MM. les chirurgiens de garde, pendant les années 1844 et 1845.

En général, le courant saharien n'arrive dans la vallée qu'après avoir traversé les plaines arides du désert et s'être un peu refroidi en traversant

les hauts plateaux du littoral saharien. Ma
lorsqu'il est assez violent pour n'être pas arrêté
en se brisant contre les rochers des hautes montagnes, alors il pénètre dans les vallées placées
entre les hauts plateaux et le littoral méditerranéen. Ce courant, connu sous les différens
noms de siracco, seymoun et vent du désert,
s'annonce par des tourbillons de poussières
d'une finesse extrême ; elle pénètre partout et
il serait impossible à l'homme et aux animaux
de résister long-temps à son influence délétère.
Aussi deux heures de ce vent suffisent-elles
pour développer les affections les plus graves,
et malheur aux colonnes expéditionnaires qui
sont surprises par ce cruel ennemi. Le soleil,
obscurci par les nuages de poussières, donne à
toute l'athmosphère une teinte rougeâtre qui
ferait croire à un vaste incendie. L'homme et
les animaux se cachent instinctivement pour
chercher à se garantir de la poussière brûlante
et subtile qui s'introduit dans les voies aérien-
nes. La soif devient ardente, le pouls très fré-

quent, la respiration difficile et l'anxiété extrême. Les plantes elles-mêmes se flétrissent et se penchent tristement vers la terre, et, dans ces instans si difficiles à supporter, la nature entière ne présente qu'un tableau de désolation et de terreur.

C'est presque toujours par une de ces rafales brûlantes que sont poussées, vers le littoral méditerranéen, des nuées de sauterelles portant avec elles la famine et la consternation ; car les moissons, les plantes, les arbustes et les feuilles des arbres, tout est dévoré dans l'espace de quelques heures. Après avoir déposé leurs œufs dans la poussière, elles reprennent leur vol vers la Méditerranée.

Pendant les premières années de l'occupation, les maladies sont venues décimer les populations européennes civiles ou militaires. La guerre incessante, les expéditions dans les contrées lointaines et peu connues, rendaient les transports très difficiles. Mais ce qui était le plus déplorable, c'était de voir un essaim de spéculateurs se ruer sur l'Algérie et s'enrichir en trafiquant, par la fraude, sur des objets de consommation de première nécessité. Toutes ces causes, réunies à un acclimatement difficile, durent nécessairement augmenter le nombre des maladies, et, par suite, grossir le nécrologe de nos hôpitaux. Mais aujourd'hui la guerre est presque partout éteinte, les troupes sont pourvues de bonnes casernes, saines et bien aérées ; les effets de couchage ne laissent rien à désirer et les malades, presque partout, sont reçus dans des hôpitaux très bien organisés sous le rapport du personnel et du matériel. D'un autre côté, l'autorité supérieure militaire exerce, par les commissions de salubrité, une grande surveillance sur les boissons et sur les comestibles ; aussi voit-on tous les jours diminuer progressivement le nombre des maladies graves qu'on croyait déterminées par l'influence du climat ; leur nombre se rapproche tous les jours de plus en plus de celui des autres contrées de la France (1).

(1) L'arrivée des transportés et l'invasion du cho-

Les maladies qui s'observent le plus généralement en Algérie, sur les Européens, sont, à quelques exceptions près, les mêmes que celles qui se
montrent dans les contrées méridionales de l'Europe, et leur gravité n'est due, le plus souvent,
qu'aux mêmes causes qui les déterminent dans
les autres pays. Ainsi, la fréquence des ménin-
gites, ou fièvres cérébrales, est causée le plus
souvent par les affections morales qui puisent
leur source dans le souvenir de la famille et
l'éloignement de la patrie. Ces maladies se pré-
sentent quelquefois sous la forme algide ou co-
mateuse, mais plus souvent sous la forme déli-
rante. Elles règnent en même temps que les
accès pernicieux, et, dans ces cas, il devient bien
difficile au médecin d'analyser les symptômes
d'affections qui marchent avec une rapidité telle

leru en 1849 doivent avoir arrêté la décroissance des
décès. Tout fait donc espérer que cette décroissance
continuera et que ce temps d'arrêt cessera avec les
causes qui l'ont produit.

que, dans le plus grand nombre de cas, quelques heures suffisent pour emporter le malade.

La fièvre typhoïde paraît principalement pendant les grandes chaleurs ; elle diffère de la dyssenterie en ce que les ulcérations intestinales ne s'accompagnent pas de l'inflammation des méninges. Les dyssentériques conservent jusqu'au dernier moment l'intégrité de leurs fonctions. Le meilleur moyen de diminuer le nombre des affections dyssentériques et diarrhéiques, c'est d'exercer, comme on le fait, la plus grande surveillance sur l'observation des règles de l'hygiène ; et le meilleur moyen de les guérir, c'est l'établissement d'hôpitaux vastes, bien aérés et susceptibles d'une facile ventilation. Sous ce rapport, l'h. . tal d'Orléansville, dont la position a été détermné par le colonel Cavaignac et le plan fait c ax écuté sous les ordres du commandant Tripier, peut être considéré comme un hôpital modèle.

Les indigènes sont généralement sujets aux mêmes affections endémo-épidémiques que les

Européens ; cependant, il est à remarquer que, ne se trouvant jamais entassés sous leurs tentes et ne faisant jamais usage de liqueurs fortes et alcooliques et de vins sophistiqués, ils sont bien moins fréquemment affectés de fièvres typhoïdes et de dyssenterie. Si les maladies endémo-épidémiques sont moins fréquentes chez eux, ce qui ne peut se contester que pour la variole, il n'en est pas de même des affections chroniques de la peau. La syphilis constitutionnelle ou acquise, les dartres de toutes les espèces et de toutes les variétés, depuis la dartre farineuse jusqu'à la lèpre et l'éléphantiasis, sont très communes ; mais elles sont facilement susceptibles d'être modifiées par l'usage seul des médications externes. Pendant tout le temps que j'ai été attaché, comme médecin, au bureau arabe de Bougie, dirigé avec tant de discernement et de justice par le brave capitaine d'artillerie Augéraud, j'ai eu l'occasion d'observer ces maladies et d'en guérir un grand nombre. Le docteur Mestre, chirurgien-major, a aussi obtenu, à Orléansville, de grands succès dans le traitement des maladies cutanées, et le bruit de ses cures merveilleuses s'est étendu jusqu'aux tribus les plus sauvages des *Beni Ouvacs* et l'*Ouarensenis*. Partout et toujours, l'influence des médecins militaires a préparé, chez les Arabes, les voies de la civilisation ; ils ont rendu des services immenses et ils en rendraient encore bien d'avantage, si, comme le voulait le général de L'Etang, le gouvernement accordait aux médecins militaires, avec une plus grande part dans l'honorabilité de leur grade, les prestations en nature qui sont accordées aux chefs des bureaux arabes, dont ils partagent les peines, les fatigues et les dangers.

CHAPITRE V.

Fondation de Tenès; — La Ville arabe; — Le
plateau des ruines; — L'antique Cartenne.

La création d'un établissement militaire aussi
important que celui d'Orléansville devait nécessairement faire chercher un point de la côte susceptible de servir de port de toute la contrée. Ce
point fut la crique de Tenès. Le maréchal Bugeaud, précédé par le goum de Sidi-Larribi,
composé de 600 cavaliers d'élite et de la députation de la ville de Tenès, qui était venue au
devant de lui à son camp des Cinq-Palmiers

(Bou-Barra), se porta vers la vallée de l'Oued-Allalah, après avoir traversé avec beaucoup de peine la chaîne des montagnes de Plâtre. Arrivé près de Tenès, il eut à franchir les gorges affreuses et les rochers à pic qui bordent la vallée. Le maréchal avait promis aux chefs Kabyles, venus au-devant de lui, que leurs personnes, leurs propriétés et leur religion seraient respectées. Aussi ne fut-il fait par eux aucune démonstration hostile, et nos troupes, après avoir traversé le pont de construction romaine, au lieu de pénétrer dans la ville, la contournèrent en suivant le cours de l'Oued-Allalah.

La ville arabe, d'un aspect assez pittoresque, possède deux mille âmes de population, et elle ne pouvait en contenir davantage quand elle était la capitale du royaume de son nom. Aujourd'hui elle est le centre d'une petite république. Les maisons sont assez généralement mal bâties; les rues sont larges mais tortueuses. La mosquée, dont le minaret est d'une forme aérienne assez élégante, occupe le point culminant.

Il n'y a que deux portes, toutes deux construites en vieille maçonnerie ; l'une au sud (Bab-Aïn), l'autre au nord (Bab-el-Bahar). Sur une plate-forme surmontant Bab-el-Bahar, on voyait quatre pièces de canon en fonte renversées en signe de paix par l'ordre du cheik de Tenès. Autant la population kabyle des campagnes est fortement constituée, autant celle de la ville est faible et misérable. Dans les chaleurs, on voit de nombreuses processions de femmes et d'enfans venir puiser de l'eau en dehors de Bab-Aïn. La montagne, sur laquelle est bâtie cette vieille cité, domine la vallée, mais elle est dominée elle-même par d'autres montagnes plus élevées. De vieilles murailles forment son enceinte. Elles sont couvertes de cactus, d'orangers, de grenadiers et d'abricotiers. On aperçoit aussi sur la muraille des treilles dont les pousses vigoureuses grimpent sur les arbres et donnent d'excellens raisins.

Le plateau des ruines est à un quart de lieue de la ville arabe. Il est élevé de cent mètres au-dessus du port, et c'est là qu'a été bâtie la ville française, qui se trouve située au 36ᵐᵒ degré et demi de latitude et à un degré de longitude. Le mouillage en est très dangereux, car le port est exposé aux vents du nord. Il n'est garanti que par de grands rochers, derrière lesquels les petits bâtimens de commerce viennent s'abriter quand ils craignent de tenir la mer, certains qu'ils seraient de venir se perdre sur cette plage inhospitalière.

A l'est de la nouvelle ville, à laquel on eut dû continuer le nom de Cartenne, se trouve une plaine riante et fertile, traversée du sud au nord par l'Oued-Allalah. En entrant dans le pays plat, les eaux de l'Oued-Allalah ralentissent leur cours, se trouvant retenues par une barre de sable formée à son embouchure. Lorsque la mer est soulevée, les vagues sont poussées avec violence contre la barre, elles passent par-dessus et elles vont se mêler avec les eaux douces du ruisseau, qu'elles rendent impotables à plus de deux kilomètres en le remontant. On observe dans cette plaine plusieurs bassins ro-

mains très bien conservés et ombragés par un
ou plusieurs caroubiers séculaires. Dans la direction de l'est, la mer est bordée de hautes
montagnes, quelques-unes cultivées par les Kabyles, mais presque toutes boisées ou couvertes
d'épaisses broussailles. L'une de ces montagnes
s'avance dans la mer et elle vient former le cap
Tenès, si connu des marins qui fréquentent ces
parages. Tout près du cap se trouvent des grottes extrêmement curieuses par leur étendue et
par les brillantes stalactites qui s'y sont formées.
Les corailleurs napolitains, maltais ou génois
fréquentent cette côte et ils viennent tous les
ans y faire une pêche assez lucrative.

La ville française de Tenès s'étend au sud
jusqu'au dernier contrefort du Gebel-Kebir;
sur le sommet de cette montagne, on peut apercevoir de très loin, en mer, la zaouïa de Sidi-
Abd-el-Kader, perchée à six cents mètres au-
dessus du niveau de la mer, et à laquelle viennent
prier de nombreux pèlerins musulmans. La
vieille route, qui conduisait de Cartenne au

Chélif, avait été faite dans les flancs de cette montagne.

En suivant le bord de la mer à plusieurs kilomètres du port, on voit, tout le long de la côte, à l'ouest, des masses de rochers qui semblent n'avoir pu être portés là qu'à la suite d'un tremblement de terre. Si on s'éloigne de la mer en suivant la même direction, on trouve une grande plaine parfaitement cultivée par les Kabyles de la puissante tribu des Beni-Madoun. En allant du cimetière chrétien vers la mer, on découvre un plateau qui domine la plage et qui se trouve élevé à cinquante mètres du niveau de la mer. Ce plateau a pour base des roches calcaires très dures, dépouillées depuis des siècles des terres qui les recouvraient. De nombreuses fosses avaient jadis été creusées pour servir à la sépulture des habitans de ces contrées. M. le docteur Guyon a fait la remarque très judicieuse que toutes ces fosses, d'une grandeur plus qu'ordinaire, avaient toutes la même orientation. Tous ces tombeaux avaient été fouillés et l'on n'a pu découvrir aucune inscription qui put faire connaître quel est le peuple à la sépulture duquel elles ont pu servir ? Il existait aussi, sur le sommet du plateau, un monument dont on trouve encore les fondations et les décombres. Dans ce lieu, tout-à-fait sauvage, croissent aujourd'hui des ronces, des palmiers nains, des leutisques et des cyprès odorans, entourés de plantes odoriférantes. Les massifs épais qui couvrent les sépultures servent de refuge aux chacals, aux hyènes et aux serpens. Ce lieu est connu sous le nom de *Kabour-el-Zaleliah* (Tombeaux des Géans).

La ville française est munie, au sud et à l'ouest, d'une muraille crénelée. Un arsenal, une manutention, des casernes d'infanterie et de cavalerie, un hôtel de la marine et un vaste hôpital militaire, forment les principales constructions destinées aux services de la guerre et de la marine. Des rues larges, une place d'armes, des promenades plantées de mûriers, des maisons d'une construction élégante, font de cette ville un des lieux les plus agréablement situés de toute l'Algérie. Le capitaine du génie Vasseur était parvenu à découvrir quelques traces d'aqueduc qu'on supposait avoir servi à conduire les eaux de l'Oued-Allalah. Son successeur, M. Lepret-Villois, capitaine et chef du génie, a découvert toute la ligne de l'aqueduc et, en en suivant les traces, il est parvenu à douer cette ville d'une grande quantité d'eau potable. Avant l'établissement des fontaines, on ne pouvait se procurer de l'eau qu'à grands frais. Toute la journée, de jeunes Arabes transportaient, à dos d'âne, de grandes cruches qu'ils allaient remplir à la fontaine du pont romain, près de Tenès arabe, ou à celle de l'Aïn-Jacout (Eau-des-Perles), située sur les bords de la mer, à deux kilomètres de Tenès.

Cartenne est du petit nombre des villes que connaissaient Ponponius-Méla et Pline-le-Jeune. Ces auteurs rapportent qu'Auguste y avait établi une colonie militaire, formée par les soldats de la deuxième légion. Cette ville paraît avoir été florissante sous la domination romaine, et ses habitans y avaient élevé de nombreux monumens. L'histoire mentionne plusieurs évêques de Cartenne, et un nommé *Lucidus-Cartennitanus* faisait partie des évêques réunis à Carthage, par l'ordre d'*Huneric*, pour qu'ils eussent à rendre compte de leur foi. Saint Augustin parle aussi d'un évêque de Cartenne du nom de Rustique, qui joignait à une grande piété une grande connaissance des écritures saintes, et qui eut une conférence à Cœsarée (Cherchel) avec un évêque donatiste nommé *Emeritus*. Cette conférence eut lieu à la demande du Zozime, en 418. Ce fut à Cartenne que naquit le schisme des rogatistes, en l'an 361. (*Augustin, évêque d'Hippone, à son très cher frère Vincent, évêque de Cartenne*, traduction de l'abbé Dubois; Paris 1701.)

A l'invasion de l'Afrique par les Vandales, *Cartenne*, comme toutes les autres villes ou passèrent ces barbares, dut être être prise, pillée et détruite par les flammes. A plusieurs mètres de profondeur et au milieu des décombres on a trouvé partout une couche de cendres mêlées d'ossemens à demi brûlés. De tous les monumens qui durent orner cette ville, il n'a été trouvé que quelques trançons de colonnes, des statues plus ou moins mutilées et un grand nombre d'anciennes fondations dont les assises étaient réunies entre-elles par des crampons de fer. Plusieurs citernes parfaitement conservées ont été découvertes, et elles servent aujourd'hui de prisons militaires ou de magasins pour les vins de l'administration militaire.

Tout près des fours à chaux construits par le génie, il a été aussi trouvé un grand nombre de pierres tumulaires, toutes renversées et recouvertes de terre. N'est-ce pas un indice certain que c'était là qu'était le champ de repos? Au milieu de tous ces débris, de cendres et d'ossemens, il a été trouvé un grand nombre de médailles, quelques-unes phéniciennes, mais le plus grand nombre appartenant à l'ère romaine. Mais, à Tenès, comme dans un grand nombre de

lieux occupés par nos troupes, on n'a pas pris,
comme à Orléansville, des mesures pour recueil-
lir et conserver des richesses précieuses pour
l'histoire d'une contrée si peu connue. L'égoïs-
me ou l'intérêt particulier l'ont emporté sur
l'intérêt général : chacun a cru devoir s'appro-
prier les objets les plus rares ; statuettes en
bronze, camées, anneaux, bracelets, armes, médailles, tout a disparu. On serait porté à croire
que de nouveaux Vandales avaient passé par là !

Tout le monde s'accorde à rendre justice au
jugement, au courage et au génie du maréchal
Bugeaud ; mais au milieu des soucis, d'un
commandement important et des prépara-
tifs nécessaires pour les expéditions conti-
nuelles qu'il avait à entreprendre, il lui était
impossible d'entrer dans des détails qu'il lais-
sait aux officiers investis de sa confiance ; peut-
être aussi n'attachait-il pas assez d'importance
à ce qu'il regardait comme d'un intérêt secon-
daire ? Dans les premiers mois de notre établissement à Orléansville, il fut trouvé, à cinq ou

six mètres de profondeur, le buste d'un personnage dont on ignore le nom; il était d'un beau marbre et n'avait d'autre mutilation que celle d'une oreille, emportée par la pioche du zouave qui en fit la découverte. Ce buste fut renvoyé au maréchal Bugeaud, par le colonel Cavaignac. Le maréchal répondit: « J'ai reçu le buste antique trouvé dans les fouilles d'Orléansville; il est d'un beau travail. Cet envoi m'a fait plaisir, mais il m'en aurait fait bien plus, si, au lieu de cette antiquité, votre lettre m'avait annoncé que vous aviez trouvé le moyen de me procurer quelques mulets de bâts, dont je suis très embarrassé, » etc. Cette lettre fut lue en commission administrative, parce qu'elle contenait une proposition qui devait lui être soumise et sur laquelle elle devait délibérer.

Il paraît probable qu'autrefois Ténès possédait un grand nombre d'oliviers, et que c'était l'entrepôt d'un commerce considérable d'huiles, puisqu'il a été trouvé une inscription tumulaire faite en l'honneur d'un *Térénius*, édile préposé à la mesure des huiles.

Dans les premiers jours de notre établissement à Tenès, j'arrivai au moment ou un domestique du sieur Marchuseau, l'un des premiers colons établis à Tenès, cherchait à briser une assez grande pierre couchée à plat et recouverte de terre. Déjà, un violent coup de pioche l'avait fendue en deux ; à ma prière, la pierre ayant été enlevée avec précaution, je fus heureux de pouvoir y lire une inscription qui faisait cesser tous les doutes sur le nom de la cité romaine. M. le docteur Guyon, chirurgien en chef de l'armée, vint à Tenès quelques jours après ; je lui fis part de cette précieuses découverte. Il voulut lui-même lire l'inscription, et, à son retour à Alger, il s'empressa de la faire connaître par un article inséré dans le *Moniteur algérien*. L'autorité supérieure de Tenès trouva très mal qu'on se fut permis de publier la découverte d'une inscription archéologique sans en avoir été instruite. Comme l'article n'était point de moi, quoi que mon nom y fut cité, j'en fus quitte pour une réprimande et une menace d'arrêts en cas de récidive. Ce fut à ce propos qu'il fut ajouté, par une personne que je m'abstiens de nommer, que cette inscription ne méritait pas l'honneur de la publicité, puisqu'elle concernait un homme supplicié, ce qui ressortait de ces mots : *ære conlato*.

CHAPITRE VI.

Avenir d'Orléansville et de Tenès.

Lorsque le coup d'œil si sûr du maréchal Bugeaud l'eut décidé à choisir Orléansville comme point stratégique, devant faire échouer, avant peu, les combinaisons d'Abd-el-Kader et détruire ses espérances, il ne songeait pas seulement au présent, mais son génie lui avait fait prévoir les conséquences de cette position pour l'avenir de la colonie. En effet, la vaste plaine du Chélif, l'une des plus grandes et des plus riches du nord de l'Afrique, peut être considérée comme la plus susceptible d'être habitée, puisqu'elle n'est point marécageuse et par conséquent insalubre.

La plaine du Chélif peut être arrosée dans presque toute son étendue, depuis les *Beni-Rached* jusqu'à l'embouchure du fleuve. La construction d'un barrage, sur le haut Chélif, aurait pour résultat de la livrer à l'agriculture. La nature du sol, composé de terres d'alluvion, serait excellente pour toutes les espèces de cultures, mais particulièrement pour celle des céréales. Les essais qui en ont été faits, soit à la ferme du commandant Vincent, soit à celle créée par le colonel Cavaignac et exploitée par l'administration militaire, sont des preuves irrécusables du parti qu'on peut tirer de cette contrée admirable par sa fécondité. Les ruines nombreuses qu'on trouve sur les deux rives du Chélif, n'attestent-elles pas que le grand peuple avait su apprécier tout ce qu'avait d'avantageux la belle situation de cette plaine? Les dépenses peu considérables de l'établissement de ce barrage seraient facilement compensées par les produits que donnerait une irrigation bien dirigée. Déjà, sans aucun travail, dans une grande partie de la contrée, il y croît naturellement d'excellens fourrages, composés de sainfoin, de luzerne et de trèfle incarnat; pour peu que la culture vint en aide, l'administration de la guerre n'aurait plus besoin d'aller chercher à Naples ou en Italie les fourrages nécessaires à la nourriture de notre cavalerie.

Pour arriver à une bonne exploitation de ces terres, qui, au premier aspect, semblent abandonnées et n'appartenir à personne, mais dont les tribus indigènes revendiquent la propriété, il existera une difficulté bien sérieuse: celle d'établir les titres. Mais, même à supposer que des titres existent, comment déterminer les contenances dans un pays où il n'existe aucune clôture, aucun fossé, aucune borne? Cependant, il faudrait s'entendre avec eux, afin d'y créer des villages également habités et par des colons européens et par des familles indigènes. Les enfans des deux races iraient à l'école ensemble,

s'amuseraient pendant les récréations et fini-
raient par détruire la barrière que l'édu-
cation, les préjugés et la religion ont placés
entr'eux. Les indigènes profiteraient de nos découvertes et de nos progrès dans les arts et dans
l'agriculture, et ils seraient jaloux de nous
imiter.

Ce serait aussi d'une bonne politique de favoriser, par des mariages, le mélange des deux
races. Par ce moyen, il s'opérerait, dans la suite,
une fusion et la deuxième ou la troisième géné-
ration verrait la nationalité arabe absorbée par
l'élément européen. Les Romains ne furent
maîtres de la Gaule que lorsque, se dépouillant
peu à peu du titre de vainqueurs, ils devinrent
les amis des Gaulois, et ils adoptèrent une partie des mœurs, des usages et même des costumes
des vaincus. Par ces moyens, dictés par
une sage politique, ils furent admis dans
les familles gauloises. Les chefs recherchè-
rent des femmes de cette nation, et des nombreux mariages qui se firent entre les deux

races naquit le peuple gallo-romain. Cet exemple, et tant d'autres qu'il serait facile de citer, ne devrait pas être perdu, car il faut bien le dire, l'Algérie ne nous appartiendra que lorsque l'élément arabe se sera confondu avec l'élément européen. En attendant la solution de ce problème, l'armée devra être toujours assez forte pour dominer toutes les contrées de l'Algérie par le choix de bonnes positions hygiéniques et stratégiques, afin de parer à toutes les éventualités et de pouvoir protéger nos établissemens agricoles.

Orléansville se trouve merveilleusement située pour devenir un centre de colonisation. Des routes nombreuses la font communiquer avec Alger, Milianah, Mostaganem, Oran et Mascara. Une route de Tenès, passant par Orléansville et Thiaret, mettrait en communication directe les intérêts et les besoins mutuels des populations du sud et du nord. Ce nouvel itinéraire, qui traverserait les hauts plateaux du Sersou et du Gebel-Amour, pourrait un jour être suivi, de préférence, par les caravanes qui font le commerce de l'intérieur de l'Afrique Déjà, le marché d'Orléansville, réunit tous les dimanches, quatre ou cinq mille Arabes venant particulièrement des régions du sud. Des peaux maroquinées, des tapis de toutes sortes, des étoffes de laine destinées à la confection des *haïks* et des *beurnoux*, y sont transportées à dos de mulets ou de chameaux, ainsi qu'un nombre considérable de pains, de figues et de dattes. Les marchands du sud emportent, en échange, des toiles de coton, du fer, de la verroterie, ainsi que des objets de luxe tels que : bracelets, boucles d'oreilles et anneaux que les femmes portent aux jambes. Le commerce de tous ces objets et de bien d'autres ne pourrait qu'augmenter par les nécessités qui doivent naître du contact de ces peuples avec les Européens.

Le marché d'Orléansville pourrait devenir un centre de commerce de bestiaux, de moutons et de chevaux. Abd-el-Kader y trouvait tous les chevaux nécessaires pour monter ses réguliers.

A son exemple, le colonel Cavaignac y avait établi une remonte et le capitaine d'artillerie Auger, qui en était le chef, était parvenu à y attirer un nombre considérable d'excellens chevaux. Plus tard, il fut mis des entraves de toutes sortes sur cette branche de commerce, la confiance se perdit et tous les chevaux disparurent. Le meilleur moyen de favoriser des transactions de cette espèce, c'est de les vivifier par la bonne foi, la justice et la liberté.

Il est impossible qu'il n'existe bien encore pendant de longues années, des difficultés sérieuses dans nos rapports civils, administratifs, commerciaux et politiques avec les Arabes, et il est une vérité qu'on ne saurait trop répéter, c'est que les vainqueurs, s'ils veulent les dominer, doivent inspirer de la confiance aux vaincus ; et, pour arriver à ce but et rendre les Arabes aptes à recevoir les bienfaits de la civilisation, c'est à nous à donner l'exemple de la conduite, de la sobriété, de la modération et de toutes les vertus sociales. Pour coloniser, il faut le concours de toutes les volontés, car dans une position aussi infime qu'on soit, chacun dans sa sphère, peut donner un bon exemple. C'est donc du chef que doit venir l'impulsion, et pour qu'elle soit générale, il faut que les indigènes puissent dire de lui ce qu'ils disaient à Orléans-ville du général Cavaignac. Celui-là a été digne de commander aux Arabes, car s'il avait un bras de fer, il avait aussi un cœur noble et surtout des mains pures.

FIN.

Inscriptions romaines trouvées à Orléansville.

(¹) Hic requiescit sanctœ memoriœ pater nos-
ter Reparatus œpiscopus qui fecit in sacerdo-
tium annos VIII. M. XI et precessit nos in pace.
Die Kal. Aug. Pro. CCCLXXX et sexta.

Pro CCLXXXI. II Kal. ejus Basilicœ funda-
munta posita sunt pro CCLXXXXI mente habeas
servum dei deo vivas.

Memoriœ Reparati ar. Resti anicius A. P.
CCCCLXXXV.

(¹) D'après les calculs de M. le capitaine du génie
Prévost, l'ère provinciale commencerait à la mort de
Bschus, 33 ans avant l'ère chrétienne. Il faut donc
défalquer 23 de 436, pour avoir l'époque de la mort
de Réparatus, arrivée en 403. D'après le même cal-
cul, la fondation de la Basilique aurait eu lieu en 255.

Annius demetrius PR. Pacifecit trans chichiliem.

Aram deo œterno.

Imp. Cœs. publio licinio Valeriano vir Aug. II Cos. Urbe nostra. S. devastata.......... jus dedit coloniœ idemque dedicavet.

D. M. S.

L. œc Gallo veterano vixit A. LXXXV anicia Gordiana marito fecit.

D. M. S.

Crispo sicilio tr. œrario extricata uxor ejus fecit.

S E M

P E R

P A X

Caio fulcinio m. f. quir optato flam. aug. vir
qq. pontifici œd. questori qui in ruina oneba-
quatium coloniam tuitus est testimonio decreti
ordinis et populi Cartennitani et incolœ primo
ipsi nec ante ulli œre contalo.

———

In isto tumulo deposita et sepulta est S. V. R.
quœ Brevi et Bene impleto in tempore crudo
mortis nervœ invariabilis cui disjunctas annos
ageus occidit XVII m. III.

——

D. M. S.

Me fili mater rogat un me ad te recipias.

———

C. fulcinio........ quir obtato equo publico....
delicio m. fulcinius maximus frater.

———

D. M. S.

Saturninus marinus militavit annis VX. Vixit annis XXXV, hic sepultus est.

———

Vis te mihi C tristia tartara VP num° vir int. m°...,.... s. m. sacra proserpinœ dedit ex duodeci numero.

———

...... m .... teg .... n ...... et potuit procibus Lacrimis et sacrificavit fatis quibus nulla resistunt n° plus fecit.

———

D. M. S.

Tullia ingeus vixit annis LXXXX jucundia perenni.

———

D. M. S.

Bæbia Domitiana filio desiderantissimo.

———

L. Seius Januarius vixit a. LXXOI.

———

L. Terenius œd. pro mensura olear. suis et sibi dedicavit.

———

D. M. S.

Herculanus œd. Cerealis vixit a. LXXII.

———

D. M. S.

Lelio Urbano evocato (¹).

———

D. M. S.

L. Ætio Gallo veterano vixit annis LPXXV. M. II. In mesopotamia annis IX. In Capadocia annis VI. Julia marito fecit.

———

(¹) Les Romains nommaient *evocati* des soldats d'élite qu'on distribuait dans les compagnies, afin d'animer au combat les autres soldats.

Antiquités trouvées à Orléansville et recuillies par l'ordre de M. Cavaignac.

MARBRE.

Un buste de proconsul (renvoyé au maréchal Bugeaud).

Une tête grossièment travaillée.

Une tête d'enfant.

Deux pieds d'un beau travail tenant à un socle, sur lequel se trouve un dauphin.

Une main de femme tenant une bandelette.

Un cadran solaire.

CUIVRE OU BRONZE.

Un brise-tête garni de pointes aiguës.

Une romaine avec une Thémis pour poids.

Autre romaine avec une tête de Mercure.

Une statuette de Priape.

Une tête de broche représentant un dauphin dont les yeux sont en rubis.

Un monstre qui a dû servir à surmonter un éten-
dard.

Une anse d'urne avec son anneau.

FER.

Quatre sabots de lance.

Une pioche et un marteau.

Un morceau de fer oxidé représentant un coq.

Une agrafe d'un beau travail ornée de verres
en couleur.

POTERIE.

Un nombre considérable de grandes jarres.

Une amphore à forme de melon.

Trente lampes lacrimatoires (l'une d'elles d'un
travail, donnée par M. Oudinot, officier de
zouaves.

Un grand nombre de bouteilles et de pots.

Une assiette sur laquelle se trouve un cerf.

Un couvercle de vase avec l'inscription : *Semper
Gaude*.

Fragment d'un plat sur lequel se trouve un palmier.

Deux figurines de madone.

Un médaillon représentant le baptême.

Médailles trouvées à Orléansville et déposées dans les bureaux du génie, le 25 décembre 1845.

Honorius G., — or.

Julia Augusta G., — argent.

Cléopatre G., — argent.

Trajanus P., — argent.

Trajanus G., — bronze.

Gordianus G. B.

Severus Alexander G. B.

Maximus G. B.

Faustina Augusta G. B., — (8).

Philippus G. B., — (6) donnée par M. Dalba-
ret, payeur de la guerre.

Hadrianus G. B., — (4).

Maxentius G. B., — (2).

Juba G. B., — (2).

Maximus P. B., — (11).

Lucinius P. B., — (4).

Marcus Aurelius P. B., — (15), donnée par
M. Martin, officier de zouaves.

Constatius P. B., — (10).

Constantinus P. B., — (36).

Constantinus G. B., — donnée par M. Caron-
delet, capitaine au 6e léger.

Marcus Antonius G. B., — (6).

Marcus Antonius P. B., — donnée par M. de
Courson, lieutenant du 5e bataillon de chasseurs.

Otacile Augusta Severa G. B., — donnée par
M. Millon, comptable de l'hôpital.

Galianus G. B.

Tetricus P. B.

Germanicus G. B.

Mem. Colonia G. B., — donnée par M. Girard, chirurgien-aide-major.

Médailles G. B., indéterminées ou frustes (50).

Id.   P. B.,   id.   (80).

FIN.

www.ingramcontent.com/pod-product-compliance
Lightning Source LLC
Chambersburg PA
CBHW052153090426

42741CB00010B/2245